DU TRAFIC

DES

BILLETS de COMPLAISANCE

D'APRÈS

LA LOI CIVILE ET LA LOI PÉNALE

PAR

RODOLPHE ROUSSEAU

AVOCAT A LA COUR D'APPEL DE PARIS

PARIS

CHEZ E. DENTU, LIBRAIRE-EDITEUR

17 et 19 galerie d'Orléans, Palais-Royal

—

1871

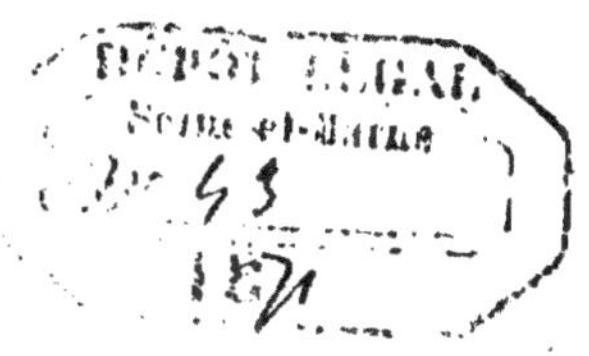

DU TRAFIC

DES

BILLETS DE COMPLAISANCE

Meaux. — Imprimerie Eugène BOUCHER.

DU TRAFIC

DES

BILLETS DE COMPLAISANCE

D'APRÈS

LA LOI CIVILE ET LA LOI PÉNALE

PAR

RODOLPHE ROUSSEAU

AVOCAT A LA COUR D'APPEL DE PARIS

PARIS

CHEZ E. DENTU, LIBRAIRE-ÉDITEUR

15 et 19 galerie d'Orléans, Palais-Royal

—

1871

DU TRAFIC DES BILLETS

DE COMPLAISANCE

D'APRÈS LA LOI CIVILE ET LA LOI PÉNALE,

CHAPITRE PREMIER.

Origine des effets de commerce.

Naissance des abus.

Le crédit et la sécurité des transactions sont les éléments constitutifs du commerce; que l'une ou l'autre de ces bases disparaisse, il est troublé et devient impossible. Le crédit, a dit l'éminent professeur de droit commercial, M. Bravard, est l'âme et la vie du commerce ; aussi est-il rationnel de lui accorder la première place parmi les éléments essentiels des transactions commerciales : de même que nous ne pouvons concevoir l'idée d'un laboureur sans charrue, de même nous ne pouvons nous figurer la vie d'un commerçant sans crédit.

Mais qu'est-ce donc que ce principe si essentiel à la vie du négociant ?

A un premier point de vue, le crédit d'un commerçant est une faculté purement personnelle, fruit d'une intelligence ou d'une honorabilité universellement appréciées, en vue de laquelle les tiers contractent et s'obligent avec le commerçant, sans exiger d'autres garanties que celles qu'ils trouvent dans son nom, sa moralité, son honorabilité (1).

« La législation commerciale, disait Vital Roux au commencement de ce siècle, est entièrement différente de la législation civile. La prospérité du commerce dépend de la stricte et prompte exécution des contrats qu'il produit, et la fortune des citoyens est attachée à la sage lenteur des formes conservatrices de la loi qui les protège. Le crédit du commerce est personnel, le crédit civil est presque toujours hypothécaire ; la solidité de l'un est indépendante, et la sûreté de l'autre est circonstancielle ; c'est la terre ou la maison qui représente le crédit civil, et c'est la bonne foi qui garantit le crédit commercial. La maison, ni la terre ne peuvent disparaître, au lieu qu'à l'instant même où le négociant refuse de remplir ses engagements, on est en droit de soupçonner que la bonne foi a disparu. Il faut que la loi atteigne promptement le négociant, au lieu, qu'elle peut sans danger suspendre ses effets contre le citoyen (2). »

Rien n'est plus juste que cette définition ; la véritable fortune du négociant ne consiste pas dans les

(1) Bravard. T. 1er.
(2) Roux. *Influence du gouvernement sur la prospérité du commerce* ; Paris, 1800.

écus renfermés dans sa caisse, ou les propriétés qu'il possède au soleil, mais dans la confiance qu'il inspire, dans le *crédit* dont il jouit. N'est-ce pas la plus grande et la plus admirable des propriétés que celle qui s'acquiert uniquement par le travail, l'industrie, la probité, et qui ne doit rien au hasard ni à la naissance. Le commerçant qui possède *ce crédit* est toujours riche, quelles que soient les diminutions passagères que puisse éprouver son actif. Avec lui, il saura reconquérir la fortune qui s'en va. Sans lui, au contraire, le principe même de son existence s'évanouit.

Telle est bien l'idée qui a guidé les rédacteurs du Code de 1807, lorsqu'ils ont imposé à tous les commerçants l'obligation de tenir des registres réguliers, miroirs fidèles de leurs opérations journalières, de faire publier leur contrat de mariage dont les clauses intéressent les tiers, et de porter à la connaissance de tous par une publicité spéciale les sociétés qu'ils constituent ; toutes dispositions en un mot qui tendent à assurer la sincérité des transactions, à consolider la confiance publique sur le succès d'une entreprise ou d'une exploitation.

C'est là, dira-t-on, une définition purement théorique ; je n'en disconviens pas. Le but pratique du crédit est *l'argent,* dont tout commerçant a besoin pour la marche et l'extension de ses opérations. Avant d'arriver à jouir de la situation exceptionnelle que nous venons de lui faire, le négociant, si honorable, si riche qu'il soit, aura certainement éprouvé des besoins impérieux d'argent, soit pour faire face à des engagements qui n'ont pas été exactement prévus, soit pour augmenter son fonds de roulement, soit encore pour attendre le remboursement prochain que doivent effectuer ses débiteurs. Aussi, nous trouvons-nous naturellement conduits à la recherche de ce qu'on est convenu d'appeler *les moyens de crédit.*

Rappelons d'abord d'un mot, dans cet ordre d'idée, le gage, qu'une loi récente a modifié considérablement dans sa forme constitutive et dans sa réalisation, et aussi la consignation, immense secours offert au fabricant pour l'écoulement de ses produits (1).

Mais le moyen de crédit par excellence, et le seul que nous nous soyons proposé de traiter dans cette brochure, est la lettre de change. Grâce aux dispositions spéciales de la loi, elle est devenue une véritable monnaie, qui, frappée au coin du commerce, voyage de ville en ville et peut parcourir le monde entier. Disons-le, sans crainte de rien exagérer, la véritable monnaie commerciale, celle qui rend des services multiples au commerçant par la seule rapidité de sa circulation, ce n'est pas celle qui sort de l'hôtel du quai Conti, mais celle émise par tous les commerçants de France, sous forme de papier de crédit, lettres de change ou billets à ordre.

____

(1) Nous avons traité spécialement de ces deux contrats dans une brochure ayant pour titre : *Du Contrat de gage commercial selon la loi de* 1863.

Qui en doute en présence des enseignements de l'histoire ?

A l'origine des transactions commerciales, on échangea directement les produits, c'est ce qui s'appelait le *troc*. Mais il arriva que le détenteur d'un produit ne pouvait le troquer que contre une marchandise dont il n'avait pas besoin. On inventa le numéraire. C'était encore un signe d'échange, mais universellement adopté. Cependant les inconvénients qui en résultèrent sont connus de tous. Les naufrages, les vols à main armée, dépouillaient à chaque instant les négociants. Puis, en raison des développements des opérations commerciales, le numéraire devint insuffisant. C'est alors que la nécessité stimulant l'intelligence humaine, on inventa la lettre de change (1), qui devint ainsi une espèce de certificat constatant qu'un individu a réellement vendu un produit et qu'un autre l'a acheté avec certitude de pouvoir le payer.

La lettre de change souscrite en représentation de l'opération loyalement conclue sera pour le bénéficiaire une monnaie véritable. Cette promesse

(1) La véritable lettre de change, le transport d'espèces de place en place, soit par remise effective des fonds, soit par leur représentation au moyen de gages, a été, paraît-il, créée par les négociants génois au temps des Croisades ; ils ouvrirent crédit à tous les seigneurs qui prenaient la croix, leur remettant un titre payable à vue, à tant de jours de vue, ou à jour fixe contre remise de fonds à Gênes pour ceux qui avaient de l'argent, mais plus ordinairement contre une obligation hypothécaire qui frappaient toutes leurs terres seigneuriales.

de paiement circulera de main en main, et à chaque mutation acquérera une valeur nouvelle par l'augmentation du nombre des signataires (endosseurs), qui s'en porteront garants, et qui donneront plus de certitude à la réalisation du paiement lors de l'échéance.

Le bénéficiaire de la lettre de change l'enverra à ses fournisseurs, ceux-ci la repasseront à leurs créanciers, qui agiront de même vis-à-vis des leurs. Cette facilité de transport des valeurs, cette augmentation des éléments pouvant servir de monnaie, permettront aux capitaux d'activer la production et la circulation, et de rendre par là de grands services au corps social.

« Grâce à son concours, dit M. Nouguier, le commerçant trafique dans les lieux les plus éloignés et peut sans sortir de chez lui payer ce qu'il doit, retirer ce qui lui est dû. Par elle, écrit ailleurs le même auteur, les montagnes s'abaissent, les distances se rapprochent et les millions traversent l'espace avec la rapidité de la poste ou de la marche d'un navire (1). »

Telle est donc la lettre de change, à l'origine, simple constatation d'un marché, puis devenant par l'usage le meilleur papier de crédit, respectable à tous les titres, d'une utilité incontestable à raison des facilités de sa transmission et de sa réalisation.

Pendant longtemps, soit parce que les lois étaient

(1) M. Nouguier. *Des lettres de changes.* Tome I, page 34.

rigoureuses contre la faillite et la fourberie, soit
parce que les commerçants étaient moins nom-
breux, partant plus solvables, soit parce que l'agio-
tage n'était pas encore inventé, soit parce que la
morale commerciale était moins relâchée, la mise
en circulation d'une lettre de change signifiait toujours qu'une opération commerciale sérieuse avait
existé et qu'elle en était la représentation. Mais les
facilités de création de valeurs de cette nature, les
faveurs spéciales attachées par la loi à ce papier-
monnaie, suscitèrent une spéculation honteuse,
nous voulons parler du trafic *de valeurs de complaisance.*

Des agioteurs et des spéculateurs créèrent et je-
tèrent dans le commerce une masse énorme de ce
signe d'échange, que rien ne garantissait plus, qui
servait pour la représentation d'opérations qui
n'avaient jamais existé. Ce fut l'origine d'un nouveau commerce ; on vendit sa signature comme une
marchandise. A l'échéance, la valeur est acquittée
ou non, peu importe ; elle a circulé, on a réussi
grâce à elle à se procurer de l'argent, c'est là le but
principal.

Avec le temps le mal grandit; au moment où
éclata la révolution de 1848, il était déjà considérable, et voici en quels termes M. Louis Blanc le
flétrit dans son histoire de la révolution de 1848 :
« Il y avait longtemps déjà, bien longtemps, qu'une
lettre de change jetée dans la circulation avait
cessé de signifier la transmission réelle par un ven-

deur de bonne foi à un acheteur sérieux d'un produit de valeur égale à celle portée sur la lettre de
change. Il y avait longtemps qu'une tourbe de spéculateurs sans honneur et sans solvabilité avaient
rempli les canaux de la circulation d'une masse de
papier qui ne répondait à rien. La révolution écla-
tant, l'alarme fut donnée ; la défiance acquit des
yeux de lynx ; on pénétra au fond de beaucoup de
manœuvres qui, jusqu'alors, avaient échappé à l'attention des parties intéressées ; on découvrit qu'un
grand nombre de maisons commerciales ne vivaient
que d'une vie factice, et qu'une masse énorme de
papier reposait sur un capital imaginaire. »

Nous avons honte à le dire, mais avec le temps le
mal a pris des proportions plus effrayantes encore ;
nous pourrions citer bon nombre de maisons de
commerce, jouissant aux yeux du public d'une
grande réputation, qui ne prolongent leur existence
que grâce à un trafic continuel de valeurs de cette
nature sans cesse renouvelées ; leur situation
apparente leur procure des facilités d'escompte ;
à l'échéance les valeurs sont acquittées, mais pour
atteindre ce résultat on en a créé de nouvelles, et
ainsi de suite jusqu'au jour du désastre auquel
personne ne veut croire, et qui dévoile les piliers
fragiles de l'édifice qui inspirait confiance.

On a été plus loin encore, et nous avons vu fonc-
tionner des sociétés s'intitulant *sociétés de crédit* et
dont l'objet consistait dans la création et la mise
en circulation d'effets de complaisance. Voici ce que

nous lisons dans le prospectus de l'une de ces agences ; « Les opérations du comptoir prennent : leur source, comme nous l'avons dit plus haut, dans le principe de l'association en matière de crédit ; elles sont de la plus plus grande simplicité dans leurs applications.

» Elles consistent à réunir, à grouper les fabricants et les négociants et à les amener par une ingénieuse combinaison à se prêter mutuellement l'appui de leur crédit pour se procurer le capital nécessaire au développement de leurs affaires, tout en laissant à chacun la totalité des bénéfices qui en sont la conséquence.

« Le crédit est fourni à chaque négociant admis par cinquième et de quinzaine en quinzaine *contre sa signature commerciale et au moyen d'effets de commerce.*

» Ces effets de commerce sont d'autant plus facilement négociables, et doivent être d'autant plus recherchés en banque, qu'indépendamment de la solvabilité notoire des souscripteurs et endosseurs, une caisse de garantie, composée du vingtième des crédits alloués versé en espèces par chaque négociant admis, au moment où il reçoit le montant de son crédit, est exclusivement destinée au remboursement des valeurs qui, dans des cas fort rares, ne seraient pas régulièrement payées à échéance. »

Ce sont de belles et louables études que celles qui s'attachent à la recherche des remèdes à cette gangrène sociale, qui s'ingénient à découvrir des institutions pour favoriser le développement du crédit sans que le commerçant ait besoin de recourir à ces trafics qui mènent infailliblement à la ruine et au déshonneur. Nous ne pouvons nous livrer ici à à l'examen des différents systèmes qui ont été proposés (1). Nous n'avons ni compétence ni autorité nécessaire pour approfondir un pareil sujet si attrayant qu'il soit ; mais, comme jurisconsulte profondément amoureux des principes de droit et de justice, nous nous sommes proposé d'étudier tant au point de vue civil qu'au point de vue pénal la validité des effets de complaisance.

Nous nous sommes jusqu'à cette heure uniquement appesantis sur la lettre de change proprement dite. Mais à ses côtés se place le billet à ordre dont l'importance est non moins grande. « Il faut trouver, disait le rapporteur du code de 1807, pour cette classe précieuse qui emploie les bras du pauvre, qui met en œuvre les produits de notre agriculture, et exporte celui de nos fabriques, un moyen d'emprunter qui s'accorde avec la nature de ses besoins et celle de sa fortune. Le billet à ordre le lui présente. Si les individus dont elle se compose engagent leur liberté au prêteur qui vient à leur secours, c'est dans leur propre intérêt ; car plus la garantie que l'emprunteur offre au capitaliste est puissante,

______

(1) Sur cette importante question nous ne saurions trop appeler l'attention du lecteur sur l'ouvrage de M. Arnaud : *La Révolution économique et sociale.*

moins les conditions du service qu'il en obtient sont onéreuses.

Ainsi, l'emploi du billet à ordre aura le double avantage de seconder l'industrie nationale et de réduire le prix de l'argent. Mais ce contrat n'est pas destiné seulement à produire ces deux effets déjà si importants ; il sera susceptible d'être négocié, et, en accroissant sous cette forme nouvelle la somme des valeurs mises en circulation, il tendra à rendre les espèces moins chères. Ainsi il agira successivement de deux manières pour diminuer le taux de l'intérêt.

Le billet à ordre est donc un véritable bienfait pour le commerce. C'est l'utile auxiliaire qu'attendait la lettre de change, c'est le complément du système ingénieux et fécond des effets négociables. Sans effort, sans embarras, il crée sur chaque place une banque de circulation infiniment plus rassurante que ces banques de circulation collectives dont les ressources sont souvent illusoires, l'administration toujours coûteuse et quelquefois infidèle. »

On a fait des billets à ordre le même abus que des lettres de change. L'étude à laquelle nous nous livrons sous le titre générique *des effets de complaisance* s'applique donc indistinctement à tous les effets de commerce, lettres de change, billets à ordre, etc., qui sont des moyens de crédit, et qui, fruit de la complaisance, ne représentent pas une opération commerciale sérieuse, mais qui, créés par des spéculateurs, sont des effets sans aucune cause si ce n'est une cause illicite.

Mais il importe beaucoup de ne pas confondre avec les *valeurs de complaisance* ce qu'on appelle dans le commerce des *valeurs de circulation*.

La valeur de circulation repose sur une convention légitime, *sur une opération commerciale réelle,* mais dont l'échéance est trop éloignée pour pouvoir être utile au crédit. En pareille circonstance on insère dans le contrat une clause qui, pour faciliter la négociation d'une créance à longs termes, permet au créancier d'exiger de son débiteur des billets négociables sous la condition de renouvellement jusqu'à l'échéance du terme convenu.

Cette stipulation est parfaitement licite, mais elle ne peut être opposée au tiers porteur de bonne foi. (Consultez à cette égard le chapitre suivant).

CHAPITRE II

Des effets de complaisance selon le droit civil

Le billet à ordre et la lettre de change sont des actes solennels, en ce sens qu'ils doivent nécessairement contenir certaines énonciations indispensables à leur validité, déterminées par les articles 110 et 188 du Code de commerce. Les dispositions relatives à la valeur fournie, à l'échéance, l'endossement, la solidarité, l'aval, le paiement, le protêt, les droits et devoirs des porteurs leur sont communes. Le but de ce travail ne nous permet pas de développer toutes les conditions de validité prescrites par les articles 110 et 188 du Code de commerce. Nous ne devons insister que sur la nécessité de l'existence d'une cause à la lettre de change ou au billet et sur l'énonciation de cette cause. Toute obligation, celle du souscripteur d'un effet de commerce, aussi bien que celle du citoyen non commerçant, doit avoir une cause. En matière civile, il n'est pas nécessaire que la cause soit exprimée dans l'acte même d'obligation, et l'écrit dé-

2

pourvu de cette énonciation aurait néanmoins force probante. Mais la loi commerciale est plus rigoureuse ; aux termes de l'article 110 du Code de commerce, il est nécessaire qu'elle soit énoncée non pas seulement d'une manière vague, mais il faut la spécifier, indiquer en quoi elle consiste. Cette règle rigoureuse et spéciale à la matière commerciale a été puisée dans l'ordonnance de 1673, et voici en quels termes Pothier la justifiait : « L'ordonnance veut que la lettre exprime si la valeur en a été fournie, et en quoi, si c'est en argent, ou si c'est en marchandises ou autres effets. C'est un droit nouveau établi par l'ordonnance pour éviter les fraudes des banqueroutiers, qui ayant des lettres de change qui portaient simplement *valeur reçue*, et dont ils n'avaient fourni d'autre valeur que leur billet, passaient des ordres, la veille de leur banqueroute, à des personnes supposées, pour les recevoir sous leur nom, et faisaient perdre la valeur à ceux qui leur avaient fourni ces lettres. Pour obvier à ces fraudes, l'ordonnance veut que les lettres de change fassent mention en quoi la valeur a été fournie. Faute de cette expression, la lettre ne vaudra pas comme lettre de change mais comme un simple mandat de payer à la personne à qui la lettre a été donnée, et en cas de faillite de cette personne le tireur en rendant le billet qui lui a été donné pour valeur retirera la lettre qu'il a donnée (1). » Cette

____

(1) Pothier, *Contrat de change*, n° 34.

disposition a été l'objet de vives critiques de la part des commentateurs les plus compétents : « En prescrivant une formalité qui n'est pas d'une nécessité absolue, dit M. Mittermaier, le législateur devient la cause involontaire de pertes que le commerçant peut éprouver. Ordinairement ils ignorent le sens et l'effet d'une formalité que leurs usages n'exigent pas : dès lors, ils la négligent ; et ensuite le commerçant honnête qui reçoit une traite de ce genre éprouve des difficultés, s'il veut la réaliser, et que le débiteur de mauvaise foi, oppose l'exception résultant de la loi. Le cas se présente surtout lorsque la formalité n'est prescrite que dans un seul pays. Cette observation s'applique à la disposition de l'art. 110, relative à l'énonciation de la nature de la valeur fournie : aussi les obligations de l'accepteur ne dépendent aucunement de la circonstance que la valeur a été fournie par le preneur au tireur. En considérant comme condition essentielle l'énonciation de la valeur fournie, la loi méconnaît la qualité principale de la lettre de change, de former un papier, et, par suite elle agit contre le but de cet effet de commerce... En fait, on n'exécute pas la disposition d'une manière sérieuse : tout le monde connaît la signification du terme *valeur en compte*. Cette inexécution a son motif dans la circonstance que la disposition est contraire aux usages des commerçants. Une règle de prudence leur défend de mettre le public dans la confidence de leurs véritables rapports. Il suffit que le tireur, en créant la lettre de change, garantisse le paiement à tous les porteurs subséquents ; personne n'a intérêt à sonder le motif de cet engagement. » (1).

Quoi qu'il en soit, la disposition légale subsiste et il n'est point permis d'y déroger. Nous aurons lieu du reste, dans le chapitre suivant, de nous en féliciter lorsque nous rechercherons si, dans l'énonciation de la valeur, on ne découvre pas, suivant les circonstances, une manœuvre constitutive du délit d'escroquerie.

En un mot, il reste acquis que l'obligation du tireur ou du souscripteur doit avoir une cause, parce que c'est là un des éléments essentiels à toute obligation, et que cette cause doit être énoncée formellement dans le titre, pour qu'il ait une valeur commerciale.

Appliquons maintenant ces principes aux effets de complaisance.

Le créateur de semblables effets ne manquera jamais d'énoncer dans le titre une valeur fournie soit en compte, soit en marchandises. Quand l'effet sera lancé dans le commerce il sera incontestablement revêtu de toutes les conditions de formes exigées par la loi. Car ce spéculateur ne s'exposera jamais (avec son expérience), à éprouver lors de la négociation une objection tirée de la forme du titre. Mais cette énonciation de la valeur fournie sera fausse. De cause, il n'en existera pas, puisque

(1) *Revue étrangère et franç. de législ.*, t. VII, p. 868 et suiv.

cet effet est le fruit d'une complaisance imprudente
et qu'il ne repose sur aucune opération sérieuse
capable d'engendrer une obligation réelle.

Voilà donc un effet parfaitement régulier en la
forme, mais dont la base fondamentale est viciée.
Quel va être son sort à l'échéance? Le souscripteur
sera-t-il obligé ou non? Là est toute la question, et
pour la résoudre il nous faut distinguer entre le
bénéficiaire de l'effet et le tiers. Au premier nous
refuserons toute action en paiement ; nous protége-
rons au contraire le second contre la fraude dont il
a été l'objet, mais à condition qu'il ait été de bonne
foi, qu'il ait ignoré le vice dont se trouvait infesté
à l'origine l'effet escompté par lui; sinon, il est pour
ainsi dire complice du souscripteur et ne mérite
aucune protection.

En principe toute obligation sans cause, ou qui repose sur une fausse cause, est nulle (art. 1131 du code
civil). Ainsi le souscripteur d'une semblable obligation, poursuivi par celui au profit duquel elle a été
contractée, peut-il invoquer la disposition formelle
absolue de la loi et se refuser au paiement. A lui
cependant incombe la charge de la preuve de
l'inexistence de la cause ; il doit établir qu'il n'y a
eu de la part de son co-contractant aucune presta-
tion, que son engagement est le résultat d'une
complaisance qui ne peut créer aucun lieu juri-
dique. Cette preuve faite, l'obligation tombe d'elle-
même en vertu de l'art. 1131 du code civil.

Mais le tribunal de commerce et la cour de Paris

sont allés plus loin, et ont reconnu un caractère immoral à l'échange des billets de complaisance.

Cette théorie, à laquelle nous nous associons entièrement, viendrait donner encore plus de force, si besoin était, aux principes que nous venons de poser. Dans l'espèce à laquelle nous faisons allusion, il s'agissait du trafic d'effets de complaisance entre négociants, grâce à l'intermédiaire de ces sociétés interlopes dont nous avons déjà parlé.

Voici dans quels termes le Tribunal de commerce a statué :

« Attendu, que Paris jeune se présente porteur
« de neuf effets souscrits à son profit par Chatel et
« Lonapt s'élevant ensemble en principal et frais à
« 8,293 fr. 55, tous échus et impayés à l'échéance,
« pour le montant desquels il demande à être admis
« au passif ;

« Que le syndic s'y refuse, soutenant que ces
» effets sont sans cause aux mains du demandeur ;

« Attendu que de l'aveu de Paris jeune, des docu-
« ments fournis au Tribunal, et des termes eux-
« mêmes de l'assignation (le demandeur prétend
« avoir fourni contre partie des valeurs dont il est
« porteur, par suite du contrat d'échange intervenu
« entre tous les membres de la société coopérative,
« dite le *Comptoir général*), il ressort que Paris
« jeune n'a fait à Chatel et Lonapt personnellement
« aucune fourniture, aucune avance qui pût motiver
« la souscription à son profit des billets dont s'agit ;

« Qu'il convient d'expliquer la combinaison qui a

« donné lieu à leur création pour apprécier si ces
« billets ont ou n'ont pas une cause telle que la loi
« l'exige et qui puisse motiver la souscription ou
« l'endossement d'un effet, c'est-à-dire le règlement
« à terme d'une valeur fournie à un débiteur par
« son créancier.

« Attendu qu'il ressort des pièces fournies au
« Tribunal qu'un certain nombre de personnes
« dont Paris jeune et les faillis font partie, se sont
« réunies pour se procurer mutuellement des
« moyens de crédit et que pour ce faire, elles ont
« fondé la société coopérative dite le comptoir gé-
« néral dont voici le mécanisme et l'objet :

« Chaque adhérent souscrit des billets au profit de
« gens qui ne lui ont rien fourni, et qu'il ne connaît
« pas, il reçoit en échange des billets souscrits à son
« profit par d'autres gens, auxquels pareillement,
« il n'a rien fourni lui-même et qu'il ne connaît
« pas davantage ; chacun ensuite s'en va chercher
« à escompter, comme il peut, les effets de complai-
« sance ainsi fabriqués, sans que le concours de
« l'association apparaisse, afin de ne pas dévoiler le
« mécanisme au moyen duquel ces billets ont été
« créés, et ce n'est que par l'effet du hasard que
« deux adhérents de cette société peuvent se trou-
« ver en même temps détenteurs des valeurs de l'un
« et de l'autre ;

« Attendu, que les effets dont Paris jeune est por-
« teur proviennent de ceux créés par Chatel et Lo-

« napt, par l'entremise du comptoir général dont les
« opérations viennent d'être décrites ;

« Que, de tout ce qui a été dit précédemment, il
« ressort qu'on ne saurait considérer, comme ayant
« une cause licite, les valeurs ainsi souscrites ou en-
« dossées en vue de l'échange prouvé par une asso-
« ciation qui n'a pour but que d'entraîner la con-
« fiance du commerce, en présentant comme sé-
« rieuses des valeurs purement fictives ;

« Que Paris jeune n'est donc pas créancier sé-
« rieux et véritable de la faillite, et qu'à aucun
« titre il ne doit être admis au passif ;

« Par ces motifs :

« Déclare Paris jeune mal fondé, etc. ;

La Cour de Paris a confirmé par adoption pure et
simple des motifs.

Qui donc, en effet, pourrait ne pas admettre la
théorie du tribunal de Commerce ? Qu'y a-t-il de
plus immoral qu'une spéculation de cette nature ?
Quel trafic plus scandaleux, plus préjudiciable aux
intérêts du négoce pourrait-on inventer ?

En résumé, l'effet de complaisance est nul à un
double point de vue. D'abord, parce qu'il est sans
cause, ensuite parce qu'il est illicite et immoral.
(Art. 1131 du code civil).

Tel est le droit entre le souscripteur et son créancier immédiat.

Mais la même théorie ne saurait être admise, lorsque le recouvrement de la lettre de change ou du

billet est poursuivi non plus par le bénéficiaire mais par un tiers porteur de bonne foi.

C'est là une conséquence immédiate du principe fondamental en matières de lettres de change et de billets à ordre, à savoir que le débiteur ne peut opposer au tiers porteur de bonne foi, aucune des exceptions qu'il aurait pu opposer au cédant personnellement. Le souscripteur, le titre étant créé payable au preneur *ou à son ordre*, devient par le fait de l'endossement, débiteur direct de l'endosseur; ce dernier n'est pas un simple ayant cause du cédant, mais le créancier conditionnel envers lequel le souscripteur s'est engagé.

Ce principe a été admirablement développé par M. Massé dans son *Traité du droit commercial*, dans ses rapports avec le droit civil (1) : « Le por-« teur, dit M. Massé, se trouve le créancier direct du « débiteur, et on ne doit avoir nul égard à la position « des porteurs intermédiaires, desquels il fait en-« tièrement abstraction. Ce principe fécond en con-« séquences, ajoute le même auteur, et qui domine « toute la matière si compliquée des effets de com-« merce et de leur transmission, ne se trouve for-« mulé d'une manière expresse dans aucun article « de nos codes; mais il résulte de la nature même « des choses, et de la clause *à ordre*, qui est de « l'essence de tous les titres susceptibles de trans-« mission par voie d'endossement. Le débiteur qui

(1) T. 4, n° 95.

« s'oblige en cette forme, accepte d'avance pour
« créanciers non-seulement le preneur de l'effet,
« mais encore tous ceux que des endossements
« postérieurs et successifs en rendront proprié-
« taires. A la différence de celui qui en souscrivant,
« une obligation ordinaire susceptible de cession,
« ne s'engage que vis-à-vis de l'autre partie, et qui
« après cession ou transport du titre dans les for-
« mes autorisées par le droit commun, n'est engagé
« envers le cessionnaire, que pourvu que le ces-
« sionnaire représente le cédant, le souscripteur
« d'une obligation à ordre, s'engage directement et
« sans intermédiaire, vis-à-vis de tous les tiers por-
« teurs, qui sous ce rapport, ne se représentent pas
« les uns les autres, mais sont tous créanciers de
« leur propre chef. C'est là un principe professé par
« tous les anciens Cambistes depuis que l'usage de
« l'ordre ou de l'endossement s'est introduit dans le
« commencement du XVII° siècle. Casaregis n'est
« que l'écho de tous ses contemporains et de tous
« ses prédécesseurs, lorsqu'il dit dans son style
« dont la négligence n'exclut pas l'énergie : *excep-*
« *tio quæ obstat cedenti vel giranti, non obstat ees-*
« *sionario vel giratorio excausa onerosa* ; (Disc.
« 148, n. 19.) Et la loi commerciale admettant cer-
« taines obligations à ordre, a implicitement, mais
« nécessairement, admis toutes les conséquences
« qui tiennent à la nature de ces obligations et à
« leur essence, et par suite le principe sans lequel,
- « la transmission par voie d'ordre ou d'endosse-

« ment, ne présenterait plus les avantages qui en
« ont introduit l'usage dans la pratique commerciale.
« L'endossement des effets à ordre n'est qu'un
« moyen de circulation et de crédit, et personne ne
« voudrait recevoir des effets de cette nature, si le
« porteur devait rester exposé à des exceptions qui
« ne lui sont pas personnelles, et pouvait être re-
« poussé au moment de l'échéance par des moyens
« de nullité que la teneur du titre ne lui aurait pas
« révélés. »

« Le porteur, dit aussi M. Nouguier, n'est pas au
« lieu et place de son cédant ; il n'est pas exposé
« aux exceptions dont celui-ci serait passible ; par
« une fiction légale, il est présumé avoir traité
« directement avec chacun des signataires, et il a
« contre eux tous une action *sui-juris*. Celui qui
« souscrit un effet négociable, ou celui qui l'en-
« dosse, crée en quelque sorte une monnaie de
« convention qu'il s'engage à rembourser en espè-
« ces entre les mains du porteur. »

La même doctrine a été consacrée par la cour de
cassation dans les termes les plus formels. Voici ce
que dit en effet un arrêt du 18 Mars 1850 — (S. V.
50 — 1.254.) : « Attendu que le débiteur qui s'en-
« gage par un titre payable à ordre accepte d'a-
« vance pour créancier non-seulement le bénéfi-
« ciaire ou preneur de billet, mais encore tous ceux
« qui en deviendraient propriétaires par des en-
« dossements successifs ; qu'à la différence du ces-
« sionnaire d'une créance ordinaire, auquel le

« code civil accorde contre le débiteur autant de
« droits seulement qu'en avait le cédant qu'il re-
« présente, le porteur de l'endossement a pour dé-
« biteur direct le souscripteur sans intermédiaire
« du bénéficiaire et des autres endosseurs, qui ne
« se représentent pas les uns les autres, mais dont
« chacun a été de son propre chef créancier du
« souscripteur. »

« Que sans ce principe qui résulte des art. 136,
« 137 et 164 du code de commerce, la transmission
« par voie d'ordre ou d'endossement ne produirait
« pas la circulation facile en vue de laquelle elle a
« été admise dans le commerce, circulation rapide
« dont chacun des mouvements accroît le crédit
« du billet par la garantie qu'apporte la signature
« de chaque endosseur nouveau, et sans que, par
« une exception tirée de faits personnels aux en-
« dosseurs et au souscripteur, le paiement puisse
« être refusé le jour de l'échéance au porteur. »

Tous ces développements nous amènent donc à
conclure que le souscripteur d'un effet à ordre ne
peut opposer au tiers porteur de bonne foi l'exception du défaut de cause, parceque cette exception ne
provient pas de son fait, ne lui est pas personnelle !

La Jurisprudence (1) s'est entièrement rangée à

---

(1) Cass., 28 janv. 1819. — Bourges, 6 août 1825, S. 27, 2,
504. — Cass., 2 mai 1836, S. V. 36. 1, 475. — Paris, 6 fév. 1830,
2, 370. — Cass. 15 mai 1839, Dalloz, *V. effets de commerce*, n° 101.
— Cass., 3 février 1847, S. V. 1847. 1, 210. — Paris, 31 mai
1870. — Journal *Le Droit*, du 22 juin 1870.

cette doctrine qui est, il faut le dire, la seule morale, la seule aussi qui protège véritablement les intérêts Commerciaux. Que la nullité des effets frappe le souscripteur ou le bénéficiaire auteurs de la fraude, rien de plus naturel, rien de plus équitable ; mais faire peser de semblables conséquences sur des tiers qui n'ont pu prévoir cette nullité, qui n'ont pu ni la prévenir ni la vérifier, ce serait donner une prime à la mauvaise foi. Autant voudrait effacer immédiatement de nos lois le titre de la lettre de change et fermer sans aucun retard tous les établissements d'escompte. — Quel banquier, en effet, consentirait à négocier des valeurs, si plus tard on pouvait faire annuler à son égard, sous prétexte qu'il n'est que fictif, le titre en échange duquel il donne son argent ?

Avec la loi, avec la raison, avec la justice, et aussi au nom de la sécurité qui doit présider à toutes les opérations commerciales, disons donc que l'effet sans cause, l'effet de complaisance est radicalement nul dans les rapports du souscripteur avec le bénéficiaire, mais qu'il ne sera pas permis d'invoquer cette nullité pour paralyser les droits du tiers porteur de bonne foi.

Du tiers porteur de mauvaise foi, nous ne disons qu'un mot. Il est certain qu'il ne mérite aucune protection. — S'il a connu la fraude, il s'est pour ainsi dire rendu complice, et il doit supporter les conséquences de sa mauvaise foi ; il n'a pu ignorer en acceptant le titre à quelles conséquences il s'exposait. — Cependant le porteur n'est point tenu de faire la preuve de sa bonne foi, c'est au souscripteur qui oppose l'exception de mauvaise foi du tiers porteur à l'établir. — Ceci ne demande aucun développement.

CHAPITRE III

Des effets de complaisance selon le droit Pénal

Nous connaissons, par le chapitre qui précède, tous les principes de droit civil applicables aux effets de complaisance. Il nous reste à rechercher à quel point de vue le droit pénal peut régir la matière qui nous occupe. C'est là évidemment un ordre d'idées essentiellement différent du premier, et qui cependant n'est pas le moins intéressant.

Le fait par un individu, de faire usage sciemment de billets de complaisance, constitue-t-il le délit d'escroquerie prévu par l'article 405 du Code pénal ?

Pour résoudre cette question, rappelons d'abord succinctement les principes qui régissent la matière.

L'article 405 du Code pénal est ainsi conçu : « Quiconque, soit en faisant usage de faux noms « ou de fausses qualités, soit en employant des « manœuvres frauduleuses, pour persuader l'exis- « tence de fausses entreprises, d'un pouvoir ou « d'un crédit imaginaire, ou pour faire naître l'es-

« pérance ou la crainte d'un succès, d'un accident
« ou de tout autre événement chimérique, se sera
« fait remettre ou délivrer, ou aura tenté de se faire
« remettre ou délivrer des fonds, des meubles ou
« des obligations, dispositions, billets, promesses,
« quittances ou décharges, et aura par un de ces
« moyens escroqué ou tenté d'escroquer la totalité
« ou partie de la fortune d'autrui, sera puni, etc....»

Il résulte des termes de cet article que le délit
d'escroquerie implique le concours de deux faits
distincts : 1° L'emploi de moyens frauduleux que la
loi détermine ; 2° Cet emploi ayant lieu dans le but
d'obtenir la remise de valeurs, obligations, etc.

Les moyens frauduleux qui peuvent servir à
commettre l'escroquerie sont : 1° L'usage de faux
noms ou de fausses qualités; 2° L'emploi de manœuvres frauduleuses.

Lorsqu'un individu, pour se faire remettre des
valeurs par un tiers, prend un faux nom ou une
fausse qualité, cet usage suffit pour constituer
le délit d'escroquerie, indépendamment de toute
manœuvre frauduleuse, pour persuader l'existence
de fausses entreprises, etc. C'est là une opinion,
qui, contestée autrefois, a été consacrée par une
jurisprudence constante. (Chauveau et Hélie, t. 5,
n° 1988 ; — Morin, répertoire, v° escroquerie ; —
Dalloz, v°, vol n° 724 ; — Cass., 17 fructidor an VIII;
— Cass., 3 mai 1820 ; — Cass., 25 août 1854. — Bul-
letin n° 265. — Cass., 4 fév. 1858. Bullet. n° 28.)
L'individu, par exemple, qui prendrait la fausse

qualité de commerçant et se ferait ainsi remettre des marchandises, commettrait le délit d'escroquerie.

Il en serait de même de celui qui prendrait un faux nom, verbalement bien entendu, car si le faux nom avait été pris par écrit, il pourrait constituer un faux (Cass., 18 février 1313. S. 13. 1. 258).

Nous ne nous arrêtons pas plus longtemps sur le premier élément de l'escroquerie, qui est secondaire pour la démonstration qui nous occupe.

Lorsqu'il n'a été fait usage ni de faux nom, ni de fausse qualité, la loi ne reconnaît l'existence du délit d'escroquerie qu'autant que l'agent a employé ce qu'elle appelle des manœuvres frauduleuses ayant pour objet déterminé, *soit de persuader l'existence de fausses entreprises, d'un pouvoir ou d'un crédit imaginaire, soit de faire naître l'espérance ou la crainte d'un succès, d'un accident ou de tout autre événement chimérique.*

On le voit, la loi a caractérisé l'objet des manœuvres frauduleuses, mais elle n'en définit pas les moyens constitutifs. Cette expression de « *ma-* « *nœuvres,* disent MM. Chauveau et Hélie, sup- « posent une certaine combinaison de faits, une « machination préparée avec plus ou moins d'a- « dresse, une ruse ourdie avec plus ou moins « d'art. » Cette définition se rapproche de celle des jurisconsultes romains sur le vol et la fraude : « *Omnis calliditas, fallacia, machinatio, ad cir- cumveniendum, fallendum, decipiendum ve alterum adhibita.*

Aussi, dans le silence de la loi, la doctrine et la jurisprudence, appliquant les règles léguées par les lois romaines, ont-elles formulé certains principes, aujourd'hui universellement admis et qui servent pour ainsi dire de points de repère dans l'étude des faits constituant des manœuvres frauduleuses.

Ce mot *manœuvres*, implique d'abord l'existence non de paroles seulement, mais aussi d'*actes* destinés à tromper un tiers : « Les paroles artificieuses « dit M. F. Hélix, les allégations mensongères, les « promesses, les espérances, ne sont point, isolées « de tout fait extérieur, des manœuvres ; il faut « qu'elles soient appuyées d'un acte quelconque « destiné à les appuyer et à leur donner crédit. »

Ainsi il est de principe constant que de simples allégations mensongères isolées de tout fait extérieur ou matériel, ne présentent point le caractère de manœuvres frauduleuses ; mais elles le deviennent au contraire, lorsqu'elles sont accompagnées d'actes extérieurs et matériels destinés à leur donner crédit. (Cass. 13 juin 1857, Bull. 227, — 13 février 1862, Bull. 45. — 20 décembre 1862, s. 63. 1. 326. — 18 décembre 1863, Bull. n° 300. — 17 novembre 1864, s. v. 65. 1. 332.

Ainsi que l'a dit M. Rauter (1), « les transactions « entre les hommes étant si complexes et la simu- « lation dans les actes étant en général permise « par la loi civile, c'aurait été entraver le commerce

(1) *Droit criminel*, 2, 2, 138.

« habituel que d'incriminer tous les actes menson-
« gers. D'un autre côté, ce ne sont que les fraudes
« dont il est impossible de se garantir par une
« attention et une expérience ordinaires que le
« Code pénal a eues ici en vue ; la loi pénale, en
« effet, ne doit pas être le tuteur habituel des
« citoyens, puisqu'autrement les officiers du minis-
« tère public le deviendraient bientôt, au grand
« risque de la liberté individuelle et civique. »

Aussi, la Cour de cassation a-t-elle déclaré dans plusieurs de ses arrêts, dans celui entre autres du 7 mars 1817, que les manœuvres frauduleuses qui constituent l'escroquerie sont celles seulement qui *sont capables d'égarer la prudence ordinaire, de déconcerter les mesures de prévoyance et de sûreté qui accompagnent ou doivent accompagner toutes les transactions sociales.*

Les manœuvres pour constituer l'escroquerie doivent avoir pour but de persuader l'existence de fausses entreprises, d'un pouvoir ou d'un crédit imaginaires, de faire naître l'espérance ou la crainte d'un succès, d'un accident ou de tout autre événement chimérique ; mais il est essentiel que ces manœuvres aient un caractère frauduleux. Si l'agent avait été de bonne foi, s'il avait cru lui-même à la réalité du pouvoir ou du crédit qu'il s'est attribuée, au succès qu'il a fait espérer ou à l'accident qu'il a fait craindre, il ne pourrait évidemment être con-damné. Dès qu'elles sont exemptes de fraudes, les manœuvres échappent à l'incrimination légale (1).

Les manœuvres frauduleuses, avons-nous dit, constituent le délit d'escroquerie, lorsqu'elles ont été employées pour persuader l'existence *de fausses entreprises*. Faut-il admettre avec Carnot (2), que la loi a entendu parler d'entreprises qui n'auraient aucune existence réelle, de sorte que l'article 405 serait inapplicable au cas où il s'agirait d'entreprises réelles dont on aurait exagéré l'importance ? Nous ne le pensons pas. Quelle différence y a-t-il, en effet, quant à la moralité et quant au résultat, entre persuader l'existence d'une entreprise qui n'existe pas et présenter, dans un esprit de tromperie, comme brillante une opération désastreuse ? N'y a-t-il pas dans ce cas persuasion d'une *fausse* entreprise ? Celle qu'on annonce existe-t-elle ? Non, évidemment, et les deux hypothèses doivent être assimilés (3).

Les manœuvres frauduleuses constituent également l'escroquerie lorsqu'elles ont pour but de persuader l'existence d'un *pouvoir* ou *d'un crédit* imaginaire. Cette catégorie de faits, disent MM. Chauveau et Hélie (4), renferme tous les actes qui ont pour but de faire croire que l'agent possède des titres, une position sociale, une fortune, des rela-

(1) Chauveau et Hélie,T. 5, n° 1997.
(2) Suiv. l'art. n° 8.
(3) En ce sens MM. Chauveau et Hélie. T. 5, n° 2003. — Cass. 2 janvier 1863, D. P. 63, I, 084
(4) T. 5, n° 2004.

tions, une puissance quelconque qu'il ne possède
pas en réalité.

Enfin, les manœuvres frauduleuses sont également constitutives du délit d'escroquerie, lorsqu'elles ont eu pour but de faire naître *l'espérance ou la crainte d'un succès, d'un accident ou de tout autre événement chimérique.* Il semble au premier abord que ces manœuvres puissent se confondre avec celles qui tendent à persuader l'existence d'un pouvoir ou d'un crédit imaginaire; mais on peut faire naître des espérances ou des craintes chimériques sans s'attribuer un pouvoir ou un crédit imaginaire; et c'est pourquoi la loi, après avoir parlé de ce pouvoir et de ce crédit, a ajouté ce qui suit ; par exemple, celui qui exhibe une bourse dont l'inspection peut faire espérer à son créancier de toucher le montant de sa créance et lui fait par ce moyen signer une quittance, après quoi il retire la bourse, commet le délit d'escroquerie. (Cass. 4 septembre 1824. Dalloz, v° vol. n° 797). Et l'agent dans cette espèce n'a rien fait pour persuader un pouvoir ou un crédit imaginaire.

Nous venons d'étudier ce que nous avons appelé, au début de ce chapitre, le premier élément du délit d'escroquerie. Reste encore le deuxième élément, c'est-à-dire la remise des valeurs. Pour que le délit d'escroquerie soit consommé, il faut que les manœuvres, dont nous venons de nous occuper, aient été employées pour obtenir ou tenter d'obtenir la remise des fonds, meubles, obligations, décharges, etc.

Dans le Code pénal de 1810, l'art. 405 ne contenait pas les mots : « *On aura tenté de se faire remettre ou délivrer.* » Ces mots ont été ajoutés à la rédaction du Code de 1810 par la loi du 13 mai 1863, qui tranche ainsi la question controversée de savoir, s'il était nécessaire pour constituer la tentative d'escroquerie que la chose convoitée eut été remise à l'auteur des manœuvres frauduleuses ou si l'emploi seul de ces manœuvres, dans le but d'obtenir la remise de la chose, caractérisait suffisamment cette tentative. Cette dernière interprétation est aujourd'hui formellement consacrée par le texte nouveau.

Tels sont les principes généraux en matière d'escroquerie, admis aujourd'hui presque universellement par les auteurs, et que la jurisprudence confirme chaque jour. Nous avons cru devoir les exposer sommairement, avant d'en tenter l'application à la matière des effets de complaisance, et maintenant qu'ils sont fixés, nous pouvons, grâce à eux, résoudre la question que nous avons posée en tête de ce chapitre.

Supposons un individu porteur d'un billet à ordre purement fictif, souscrit par un complice et le présentant à l'escompte chez un banquier. Le fait de faire usage de ce billet de complaisance doit-il rentrer dans les termes de l'article 405 du Code pénal ?

Il faut, croyons-nous, établir une distinction entre le billet *conçu faussement valeur en marchandises ou valeur en compte* et celui conçu faussement *valeur reçue comptant.*

En effet, l'agent qui, porteur d'un billet fictif conçu *valeur en marchandises*, le présente à l'escompte, emploie, a notre avis, une manœuvre frauduleuse pour persuader l'existence d'un crédit imaginaire. La manœuvre extérieure résulte du billet, véritable chiffon de papier (qu'on nous pardonne cette expression) auquel cependant on a donné une forme capable de tromper les tiers. Il paraît être la représentation d'une opération commerciale sérieuse, puisqu'on y lit *valeur reçue en marchandises*. Cette opération est chimérique ; le tiers est donc trompé, non pas seulement par un mensonge qui, seul, ne suffirait pas pour constituer le délit, mais par un mensonge accompagné d'un acte extérieur destiné à surprendre le tiers, c'est-à-dire, le billet, habilement conçu, revêtu d'une forme réservée par l'usage, aux opérations licites et réelles, et qu'on a appelée au secours de la fraude. Il y a bien là une manœuvre, un concours de faits, de circonstances frauduleuses, de machinations réunies, pour tromper le tiers qui doit escompter ces valeurs. Le plus souvent aussi, à côté de la signature, se trouvera un timbre-enseigne, dont le seul effet doit être de tromper mieux encore le banquier, en faisant luire à ses yeux avec plus de précision audacieuse l'existence de relations commerciales entre le souscripteur et l'endosseur ; tout concourant ainsi à persuader l'existence d'une opération, nous le répétons, essentiellement chimérique.

Mais, dira-t-on, il n'y a eu de la part de l'agent

aucune parole, aucune assurance donnée au banquier ? On lui a présenté la valeur, il l'a acceptée ; on ne lui a rien affirmé. Je réponds que, quelquefois, des assurances verbales seront données au banquier, et qu'on ne craindra pas d'affirmer la sincérité des valeurs ; cela ne fera que confirmer notre thèse. Mais la présentation seule de la valeur n'est-elle pas suffisante ? Le billet ne parle-t-il pas assez haut, et lorsque nous y trouvons ces mots *valeur reçue en marchandises*, n'est-il pas une affirmation suffisante de la sincérité de sa valeur et de l'opération qui a donné naissance au titre ? Affirmation mensongère cependant, et que ne méconnaît pas le porteur du titre.

La manœuvre frauduleuse est donc ainsi caractérisée. Elle a bien pour but de faire croire à un crédit imaginaire, à une créance, reposant, à en croire l'énonciation du titre, sur une opération commerciale, une livraison de marchandises, un trafic sérieux, et qui sont en réalité purement fictives et illusoires.

Telle est la thèse que nous estimons vraie en ce qui concerne les effets de complaisance conçus *valeur reçue en marchandises*. Mais nous le reconnaissons, il est bien difficile de décider de même en ce qui concerne les effets souscrits, *valeur reçue comptant*. La manœuvre que nous faisions découler de l'énonciation du titre n'existe pas, et nous ne pouvons arriver à la même décision, bien que certains arrêts, ainsi que nous le verrons plus loin, aient admis le contraire.

La thèse que nous venons de développer a été consacrée par une jurisprudence d'une autorité incontestable. Le premier monument qu'il soit permis d'invoquer est un arrêt de cassation du 18 juillet 1845 rendu dans une espèce qui possède avec la nôtre une grande analogie. Un individu, pour se faire livrer un bœuf, tire de sa poche un papier qu'il dit être un billet souscrit par une personne connue du vendeur. Le papier n'était pas un billet ; il y avait donc un mensonge pour faire croire à un crédit imaginaire, et voici comment la Cour de cassation qualifie les manœuvres frauduleuses :

« Attendu que la Cour royale ne s'est pas bornée à attribuer au demandeur l'assertion mensongère ; *qu'il avait en sa possession un billet qui lui avait été souscrit par un tiers* ; qu'elle a ajouté, qu'en produisant aux yeux des plaignants un écrit signalé comme étant cet effet, *il avait accrédité dans leur esprit la conviction d'une valeur équivalente à celle de l'objet qu'il réclamait d'eux en échange de cette valeur, et détourné par là la remise qu'avait réalisée pour lui le bénéfice de sa fraude.*

« Qu'ainsi, il avait mis en œuvre un mensonge dicté par une intention frauduleuse. Ce mensonge avait eu pour but et pour *résultat de persuader la réalité* d'un avantage chimérique et il avait, par l'emploi de ce moyen, escroqué partie de la fortune d'autrui. »

Ainsi, bien que l'espèce à laquelle s'applique cet arrêt diffère essentiellement de celle qui nous occupe, la qualification donnée à ces faits par la Cour de cassation peut se rapporter à la négociation d'un effet fictif ; car, au moyen de ce titre fictif, *on met en œuvre un mensonge, dicté par une intention frauduleuse, ayant pour but et pour résultat de persuader la réalité d'un avantage chimérique.*

Mais abordons des décisions plus précises. Le 29 juin 1865, le tribunal correctionnel de la Seine rendait le jugement suivant :

« Attendu qu'il résulte de l'instruction et des débats, qu'au mois de juillet 1854, Bertin s'est fait remettre par Bourot une somme de 70 fr., en lui représentant et en passant à son ordre un billet souscrit sans cause et par pure complaisance par Lorrain, écrivain dans la plus grande misère, et qu'il a ainsi escroqué partie de la fortune de Bourot.

« Attendu qu'il est également établi par l'instruction et les aveux de Lorrain, qu'il en avait souscrit bien d'autres dans les mêmes conditions pour une rétribution d'un à trois francs ; qu'il s'est donc ainsi rendu complice de l'escroquerie commise par Bertin, au préjudice de Bourot, en lui fournissant sciemment l'intention de la commettre, ce qui constitue le délit prévu et puni par les articles 405 et 59 du Code pénal, etc.

« Appel par Lorrain ;

« Arrêt : La Cour ; Considérant que la présentation par Bertin à Bourot d'un billet de complaisance

souscrit par un insolvable, qu'il connaissait comme
tel, et qu'il indiquait par là même comme un souscripteur sérieux, constitue une manœuvre frauduleuse ayant pour but de faire croire à l'existence
d'un crédit imaginaire, et qui a déterminé la remise
par Bourot d'une somme d'argent ; adoptant au sur-
plus les motifs des premiers juges; confirme, etc.(1)»

La Cour de Lyon statuait dans les mêmes termes
le 25 mars 1867. Nous reproduirons le texte com-
plet de l'arrêt qui nous paraît irréfutable :

« Considérant, dit la Cour, qu'il résulte des débats et des aveux mêmes des prévenus que, dans le
courant de l'année 1866, N... a fait souscrire un
grand nombre de billets à ordre par des individus
notoirement insolvables, et même par un de ses
employés mineur de 18 ans ; que, moyennant un
droit de commission assez élevé, il a mis ces billets
à la disposition des commerçants obérés, afin de
leur procurer un crédit factice, et qu'il s'est ainsi
livré à un véritable commerce de papier fictif et
sans valeur. Que N..., se trouvant dans un grand
état de gène et menacé de poursuites, a pris de ces
effets pour un chiffre considérable et sachant qu'ils
n'avaient aucune valeur, les a endossés à plusieurs
de ses créanciers ;

« Considérant que ces faits constituent évidemment des manœuvres frauduleuses, pour persuader
l'existence d'un crédit imaginaire ; que les tiers,

(1) Arrêt du 19 juillet 1865, S. V. 1866, 2, 237

auxquels les billets ont été transmis, ont dû croire en effet que les souscripteurs étaient sérieux et que leur signature était un gage sur lequel ils pouvaient compter avec d'autant plus de raison que les effets étaient conçus : « *valeur reçue en marchandises,* » et supposaient ainsi une dette commerciale résultant de fournitures réellement opérées par celui au profit duquel ils étaient souscrits (1). »

La jurisprudence que nous venons de reproduire est donc la confirmation complète de la théorie que nous avons développée et admise. Avec nous, elle voit une manœuvre dans l'usage du billet fictif, sans cause, et surtout quand l'effet conçu « *valeur reçue en marchandises.* » Notre opinion repose donc sur des bases solides, consacrées par des décisions d'une autorité incontestable.

Le système contraire invoque cependant quelques décisions dont on ne peut méconnaître la gravité, mais qu'il est permis de combattre. On s'appuie d'abord sur un jugement du tribunal civil de la Seine, du 1 mars 1868, qui statue en ces termes :

« Attendu que, depuis moins de trois ans, la dame Guilbert s'est fait délivrer des fonds par les sieurs Jacob, Métivier et Benolan, en leur remettant à l'escompte des valeurs par elle signées et tirées sur des tiers correspondants de la maison Guilbert et Bourdier, habitant la province et l'étranger ;

« Que plusieurs de ces valeurs ont été protestées,

____

(1) Lyon, 28 mars 1867, S. V. 1868, 1, 75.

les tirés ayant déclaré qu'ils ne devaient rien à la maison Guilbert et Bourdier ;

« Attendu que les sieurs Jacob, Métivier et Delamotte-Benolan ont traduit la dame Guilbert comme s'étant à leur préjudice rendue coupable d'escroquerie, et les sieurs Guilbert et Bourdier comme complices de ce délit ;

« Qu'entre autres moyens à l'appui de leur inculpation ils soutiennent : 1° Qu'il leur a été déclaré et affirmé spécialement par la dame Guilbert, que tous les tiers étaient débiteurs sérieux, alors qu'elle savait que ceux-ci n'auraient pas provision à l'échéance ;

« 2° Que pour inspirer de la confiance aux plaignants et pour les maintenir dans l'erreur de la sincérité des traites à eux remises, la maison Guilbert et Bourdier a fait tenir des fonds successivement à ses correspondants qui ont payé jusqu'à une certaine époque une partie des mandats qui leur étaient adressés ;

«Attendu que, pour apprécier le mérite de l'action, il convient avant tout de constater que la dame Gilbert n'a agi dans les actes, objets de la poursuite, qu'en qualité de mandataire et au moyen de la procuration qui lui a été donnée par la société Guilbert et Bourdier, dont elle n'a fait que suivre les errements antérieurs ;

« Attendu que cette considération exposée, il y a lieu de rechercher si les faits imputés comportent les éléments constitutifs de l'escroquerie ; qu'il faut reconnaître tout d'abord que le fait de fabrication et de négociation de billets fictifs, d'effets de complaisance, pour se procurer un crédit usurpé, ne peut, par lui-même et à lui seul, constituer le délit d'escroquerie ;

« Que l'élément constitutif de ce délit est l'emploi à l'encontre du plaignant de manœuvres frauduleuses ; que DANS L'ESPÈCE, cet élément fait défaut ; qu'en effet les mensonges relevés contre la femme Guilbert, tendant à persuader la sincérité des traites, et l'espérance du paiement fussent-ils établis, ne sauraient, n'ayant été appuyées vis-à-vis des plaignants d'aucun fait extérieur combiné pour faire croire à la vérité de l'allégation, constituer une manœuvre. Qu'il en est de même de la non-réalité pour partie des valeurs remises à l'escompte et tirées sur des correspondants ordinaires de la maison, presque tous débiteurs dans une certaine mesure ;

« Qu'on ne peut non plus rencontrer une manœuvre dans les envois d'argent aux tirés pour solder les traites à présentation, puisque les tireurs ne faisaient que se conformer aux dispositions de l'article 115 du Code de commerce, qui n'exige l'existence de la provision du tiré qu'au moment de l'échéance ;

« Attendu que si les agissements de la dame Guilbert sont contraires à la probité commerciale, ils ne comportent pas cependant les caractères du délit d'escroquerie, puisqu'ils n'ont point été accompagnés des manœuvres frauduleuses prévues par l'article 405 du Code pénal. »

Ce jugement n'est pas concluant pour nos contradicteurs ; il confirme, au contraire, la doctrine que nous défendons. Le fait de la fabrication et de la négociation d'effets de complaisance ne saurait, à lui seul, dit-il, constituer le délit d'escroquerie, c'est là notre théorie ; mais lorsque la négociation est entourée de manœuvres destinées à faire croire à la sincérité de la valeur, lorsque l'effet, par exemple, est conçu « *valeur en marchandises*,» plus de doute que l'escroquerie soit caractérisée. Ce jugement est donc conforme à notre opinion au lieu de la repousser.

On argumente ensuite d'un arrêt de la Cour de Paris du 20 août 1868 : « Considérant, dit la Cour, qu'il n'est pas établi que, pour obtenir de Bureau l'escompte des billets ou traites qu'ils lui présentaient, Buffet et la femme Courtot aient eu recours à aucune manœuvre frauduleuse. Que si les intimés ont eu le tort de tirer quelques-unes de ces traites sur des individus qui ne leur devaient rien et qui y ont apposé des acceptations de complaisance, leur but, en agissant ainsi, n'était pas de tromper Bureau, ni de leur persuader l'existence d'un crédit imaginaire, mais de leur fournir des valeurs qu'il pût à son tour négocier plus facilement.

Que sans se préoccuper une fois seulement de la solvabilité des accepteurs, au sujet desquels il n'a demandé aucun renseignement, *il a consenti à*

*escompter les billets uniquement, parce qu'ils por-
taient la signature de Buffet et sa fille ; qu'en effet,
c'était aux intimés eux-mêmes qu'il croyait pouvoir
accorder crédit et confiance, les risques de ce crédit
lui semblant d'ailleurs compensés par les retenues
excessives qu'il opérait lors de la négociation de
chaque billet; que l'intention frauduleuse qui seule
peut caractériser le délit n'existe pas, etc. »*

Est-ce là une décision de principe ? Nullement.
La Cour décide EN FAIT que l'escompteur a eu confiance dans la signature de celui avec lequel il trai-
tait, sans se préoccuper de la solvabilité des souscripteurs ; c'est là une appréciation qui n'infirme en
rien notre raisonnement ; il n'y a pas de manœuvres, donc pas d'escroquerie, dit l'arrêt ; rien
de plus logique. Mais s'il y avait eu, dans l'espèce,
les manœuvres que nous avons signalées, la Cour
aurait-elle jugé de même, ou bien persévéré dans
sa première jurisprudence.

Mais des motifs plus graves sont posés dans un
jugement du tribunal correctionnel du 20 mars 1869,
rendu sous la présidence de M. Lancelin. Nous le
reproduisons textuellement :

« Attendu qu'il convient tout d'abord de remar-
quer que les opérations des parties se faisaient au
moyen d'effets tirés par Crespelle père et fils à
l'ordre d'eux-mêmes, et endossés par ces derniers
à l'ordre des sieurs Chenault et Cᵉ, de telle sorte que
les traites ou lettres de change devenaient parfaites
par cet endossement.

«Que cette constation faite, il y a lieu de rechercher si les agissements des sieurs Créspelle comportent le délit d'escroquerie ; qu'il faut reconnaître tout d'abord que le fait de fabrication et de négociation de billets fictifs, d'effets, pour se procurer un crédit usurpé ne constitue pas par lui-même, et à lui seul, le délit d'escroquerie ; que l'élément essentiel de ce délit est l'emploi de manœuvres frauduleuses ; que vainement les sieurs Chenault essaient de trouver ce genre de manœuvres dans cette circonstance, que les effets tirés par les sieurs Crespelle et Cᵒ a leur ordre portent cette mention : « *valeur en marchandises suivant avis de ce jour*, » mention qni d'après eux comporterait l'affirmation que la provision existait au moment où l'effet était tiré et endossé à leur profit.

« Qu'aux termes de l'article 116 du Code de commerce, l'engagement du tireur consistant seulement à faire payer par l'entremise du tiré la somme désignée dans le lieu et à l'époque convenue, il suffit qu'à l'échéance ce dernier ait les fonds suffisants pour exécuter le mandat.

« Que dans l'espèce il s'agissait non point de traiter à vue, mais de traiter à longues dates.

« Qu'il n'était pas nécessaire que la provision existât au jour de la négociation.

« Que la mention : « valeur en marchandises » n'avait d'autre but que d'indiquer la nature de la provision et non point de certifier son existence actuelle, immédiate.

« Qu'il est d'ailleurs constant que c'est aux sieurs Crespelle eux-mêmes, et indépendamment des valeurs à eux remises, que les sieurs Chenault accordaient crédit et confiance. (Suivent les appréciations de fait). »

La Cour, a confirmé par adoption pure et simple les motifs (1).

Le jugement dont nous venons de reproduire les termes touche évidemment au cœur de la difficulté. Dans l'espèce on avait bien relevé cette énonciation *valeur reçue en marchandises*, à laquelle nous attachons une si haute importance, mais le Tribunal ne l'a pas considérée comme une manœuvre ; aux termes de l'art. 116 du Code de commerce, dit-il, l'engagement du tireur consiste seulement à faire payer la traite à l'échéance ; il n'est pas nécessaire que la provision existe au moment de la négociation. Rien de plus juste que ce principe ; mais faut-il encore en restreindre l'appréciation dans des limites vraies et raisonnables. Lorsque le tireur escompte la traite, il s'engage à la faire payer à l'échéance par l'intermédiaire du tiré ; mais le titre n'est-il pas aux yeux de l'escompteur la représentation d'une opération commerciale? Et cette énonciation mensongère « *valeur reçue en marchandises,* » ne vient-elle pas fortifier cette croyance?
— Mais, dit le jugement, la mention valeur en marchandises n'a d'autre but que d'indiquer la *nature*

(1) Droit du 18 mai 1869.

de la provision et non point de certifier son existence actuelle, immédiate. Repoussons bien loin
une semblable interprétation. L'esprit se refuse à
concevoir une lettre de change conçue *valeur reçue
en marchandises* qui ne serait pas la représentation
d'une opération CONCLUE, mais à CONCLURE, et pour
répondre d'un mot à cette doctrine, reportons-nous
aux dispositions de l'art. 110 du Code de commerce :
« La lettre de change doit énoncer la valeur
FOURNIE en espèces, en MARCHANDISES, ou de tout
autre manière. »

Enfin, la Cour de cassation par un arrêt du 28 novembre 1859 (Droit du 29 novembre), a reconnu les
caractères de l'escroquerie dans le fait d'un individu, qui, par des manœuvres extérieures, faisait
croire qu'il se livrait à des opérations commerciales
sérieuses. Cette décision peut encore, au besoin,
venir fortifier la thèse que nous défendons.

Maintenant, celui qui sciemment prêtera son
concours à la confection de ces effets fictifs et
frauduleux, se rendra-t-il complice de l'escroquerie ? Nul doute à cet égard ; il est constant que
celui qui se fait sciemment l'instrument d'une
escroquerie se rend complice du délit. (Cass. 6 mars
1812 ; Bourges 11 févr. 1841, s. 42, 2,110 ; Cass.
24 août 1848, s. 49, 1, 78 ; 4 juin 1859, s. 59, 1, 775 ;
Paris 19 juillet 1865, suprà).

En un mot, tous les arguments qui nous ont
permis de soutenir que la négociation d'effets de
complaisance constituait le délit d'escroquerie, ont

été puisés à des sources d'une valeur incontestable. Les monuments de jurisprudence que nous avons invoqués sont clairs et précis. Ceux que nous avons combattus nous paraissent au contraire peu topiques, et plusieurs ont été inspirés par les faits particuliers de la cause. Mais, dans l'intérêt du commerce, nous serions profondément désireux de voir intervenir une décision qui fixât définitivement la question ; il serait utile et juste que les tribunaux, grâce à des mesures énergiques et sévères, puissent mettre un frein, à ce qui est une fraude audacieuse et scandaleuse, en même temps qu'elle est on ne peut plus préjudiciable au commerce. Le mal croît avec une rapidité telle, que nous osons espérer un remède prompt et efficace. Ce jour-là, une des grandes plaies commerciales sera étanchée !

En matière de faillite, le Code de commerce édicte la peine de la banqueroute simple contre l'individu qui, dans l'intention de retarder sa faillite, s'est livré à la circulation d'effets de complaisance. Nous énonçons seulement cette disposition qui ne sollicite aucun développement.

APPENDICE

Les effets de complaisance et la loi sur la Prorogation des échéances.

Les circonstances désastreuses au milieu desquelles nous avons vécu depuis un an, les événements terribles qui ont porté à notre pauvre pays des coups si profonds et si redoublés ont créé au monde commercial une situation exceptionnellement grave et critique, à laquelle nos gouvernants devaient apporter un remède efficace et prompt. En ce qui concerne les échéances, dont nous voulons nous occuper uniquement, le gouvernement avait le devoir impérieux de régler d'une manière définitive les droits des porteurs et souscripteurs d'effets.

Depuis la déclaration de guerre, la situation était très-tendue ; dès le 8 juillet 1870, le commerce avait été paralysé ; plus de transactions ! Plus de ventes ! Plus de marchés ! La fièvre qui dominait l'esprit de tous les inquiétudes qui dévoraient le cœur, ajoutées aux difficultés matérielles, opposaient une digue insurmontable aux opérations commerciales. Puis, les désastres se succèdèrent et un mois après le commencement des hostilités, la capitale de la France, à la suite de défaites inouies dans l'histoire, avait à supporter un siége qui dura cinq mois.

Au milieu d'un cataclysme aussi effrayant y avait-il possibilité pour le négociant de satisfaire à ses engagements? Le souscripteur d'un billet pouvait-il faire honneur à sa signature alors que son commerce était mort? Évidemment, non ; aussi voyons-nous, dès le début de la guerre, le gouvernement impérial proroger les échéances, et le gouvernement du 4 septembre ensuite, les proroger encore de mois en mois.

Mais la paix signée, il fallut abandonner le provisoire pour arriver à une réglementation définitive et sage des droits des porteurs et souscripteurs d'effets ; la question avait une gravité qui n'échappait à l'esprit de personne! La Banque de France avait pour 800,000,000 d'effets arriérés, et au dehors il en existait bien pour une somme au moins égale. C'est alors que le gouvernement proposa la loi qui fut votée par l'Assemblée nationale le 10 mars 1871, qui proroge purement et simplement de sept mois les échéances d'effets souscrits du 13 août au 12 septembre 1870 et qui fixe du 13 juin au 12 juillet, l'échéance des effets souscrits du 13 novembre 1870 au 12 avril 1871. De par cette loi, le commerçant dont les opérations étaient par un cas de force majeure, annihilées depuis huit mois, qui peut-être avait été obligé de partir comme mobile ou mobilisé, dont certainement les économies avaient été épuisées par les sacrifices énormes et journaliers que tous, nous avons dû nous imposer, qui n'avait pu reprendre encore le cours de ses opérations interrompues, voit arriver coup sur coup, sans pouvoir les prévenir, les échéances de tous ses engagements, alors encore que les postes ne fonctionnent pas régulièrement, que le télégraphe n'est pas rétabli, et que le service des chemins de fer est non-seulement incomplet, mais d'une irrégularité dont on se fait difficilement idée ! C'est pour lui, la ruine, la honte, le déshonneur ! Aussi ne manque-t-il pas de s'écrier, non sans raison, qu'il n'existe pas à l'Assemblée un homme vraiment pratique, ayant vécu au milieu des besoins incessants du commerce, et se rendant exactement compte des ruines qu'il s'agit de relever avant de pouvoir satisfaire à des engagements passés.

Mais les effets de commerce devaient-ils faire l'objet unique de cette loi de prorogation? Le débiteur d'une facture, d'un compte, que les mêmes calamités ont frappé, peut-il invoquer des délais? Non. La loi n'a pas été faite pour lui.

Il est vrai que le législateur de mars autorise les négociants à invoquer devant les tribunaux les dispositions protectrices de l'article 1244 du Code civil, à solliciter terme et délai ! Pauvres commerçants, comme vos besoins et votre existence sont méconnus, vos aspirations incomprises, vos intérêts peu sauvegardés ! Qui de vous pourra donc, sans porter à son crédit un coup mortel, aller devant un tribunal solliciter un délai de grâce, expliquer l'état de ses affaires, mettre à nu sa situation, la livrer aux critiques de concurrents avides, et s'exposer à un échec qui serait une ruine plus complète et plus honteuse. En présence de malheurs aussi universels que ceux qui nous accablent, la loi devait édicter une règle unique, absolue, et ne rien confier à l'arbitraire.

Nous demandons pardon au lecteur de toutes ces critiques qui sortent un peu de notre sujet et qui pour cette raison ne sont ni complètes ni suffisamment développées, mais nous désirons arriver à lui signaler dans cette loi une lacune qui intéresse vivement l'étude à laquelle nous avons consacré ces pages.

Nous aurions vivement souhaité voir introduire dans la loi de prorogation des échéances, une distinction capitale entre les effets sérieux et les effets fictifs ; que les effets de commerce sérieux soient l'objet de la sollicitude du législateur, rien de mieux, mais que la valeur fictive mise en circulation dans un but coupable, soit protégée au même titre, c'est ce qui nous paraît impossible.

Le souscripteur d'une valeur sérieuse est un négociant sérieux qui a acheté pour revendre, ou qui a trafiqué réellement. La guerre lui a porté préjudice, a entravé son commerce, il sera protégé. Mais l'agioteur, le spéculateur, le fabricant de valeurs qui ne vit qu'au moyen d'un rouage mécanique et honteux, qui vend le papier comme un épicier du sucre, qui inonde tous les canaux de la circulation de cette marchandise pestiférée, ne doit être l'objet d'aucune pitié ni d'aucune protection. La loi aurait dû, à notre avis, décider que les valeurs de complaisance ne jouiraient pas du bénéfice de prorogation, que toutes les fois qu'il serait établi pour le tribunal, que l'effet est fictif, qu'il n'y a pas eu de valeur fournie, les poursuites pourraient être exercées tant contre le souscripteur que contre les endosseurs de mauvaise foi. Combien de ces valeurs sont en portefeuille aujourd'hui et bénéficient de la loi? Combien de porteurs savent que l'effet qu'ils possèdent n'est pas sérieux, et cependant sont dans l'impossibilité d'agir!

La question que nous venons de signaler n'a pas été soulevée à l'Assemblée; elle méritait de l'être.

Peut-être sera-t-elle discutée sous peu. Le gouvernement de la république a compris que cette loi était on ne peut plus impraticable, qu'elle choquait les intérêts de tous; déjà il y a, dans le courant d'avril, apporté un tempéramment en augmentant les délais. Aujourd'hui on a mis à l'étude un nouveau projet. Puissent nos représentants au milieu de toutes les propositions qui ont été présentées, choisir celle qui aura réuni l'adhésion des premiers intéressés, c'est-à-dire des commerçants. Puissent-ils aussi établir dans un article de la future loi la distinction que nous avons signalée; la fraude s'en trouvera mal, mais quel est celui des négociants honnêtes qui, non-seulement ne réclamera pas, mais encore hésitera à approuver de tout son cœur.